Séance De L'académie Française Du 2 Mai 1901

Discours De Réception De M. Berthelot; Réponse De M. Jules Lemaître

M. Berthelot, Jules Lemaître

Alpha Editions

This edition published in 2022

ISBN : 9789357096546

Design and Setting By
Alpha Editions
www.alphaedis.com
Email - info@alphaedis.com

DISCOURS DE RÉCEPTION DE

M. BERTHELOT

MESSIEURS,

Depuis la fondation de cette illustre Compagnie, qui comptera bientôt trois siècles d'existence, c'est un usage et un devoir pour le nouveau venu de saluer en entrant ses confrères et de rappeler le souvenir du fondateur de notre institution. Peut-être la dernière coutume commence-t-elle à être moins suivie et regardée comme un peu surannée: Richelieu a été loué dans cette enceinte par les poètes et les prosateurs les plus célèbres, sous tant de formes délicates ou profondes, que les quelques grains d'encens jetés par un chimiste dans cet océan d'éloges doivent lui être assez indifférents: à supposer qu'ils lui parviennent, au sein du repos et du silence éternels qui règnent en dehors de nos régions vivantes et agitées, assujetties à la mobilité incessante du temps et de l'espace!

Mais ce serait montrer envers vous une noire ingratitude que de ne pas témoigner toute ma reconnaissance aux confrères présents aujourd'hui dans cette enceinte; comme aussi, permettez-moi d'ajouter, à la mémoire de tant d'amis que j'y ai comptés et qui ne sont plus. J'ose espérer que leur opinion bien connue n'a pas été sans quelque influence sur votre choix. Parmi ces patrons honorés entre tous de mon élection, je rappellerai seulement Claude Bernard, Taine, Leconte de Lisle, Alexandre Dumas, Victor Hugo, et surtout mon ami Joseph Bertrand, dont je tiens désormais doublement la place; pourrais-je oublier enfin le compagnon le plus cher de ma vie, Ernest Renan? J'ai vécu avec ceux-ci dans la plus étroite intimité, pendant près d'un demi-siècle; je me suis assis pendant de longues années auprès d'eux, dans nos carrières communes et surtout dans notre grande confrérie de l'Institut, chacun au sein de son Académie particulière: ma joie et la leur auraient été doublées s'ils avaient pu me voir aujourd'hui à leurs côtés dans cette Académie française, qui forme comme une seconde consécration plus générale de notre réputation de spécialistes. Les Divinités jalouses qui règlent la destinée humaine en ont décidé autrement! Je n'ai pu bercer mes amis dans leur dernier sommeil par la cantilène suprême qui consacre la mémoire de ceux qui ne sont plus!

Sans doute, je le sais, ce n'est pas en raison de leurs amitiés que vous choisissez vos confrères; il est dans les traditions de l'Académie d'appeler dans son sein quelques artistes, quelques historiens, quelques adeptes dans l'ordre des sciences exactes et dans l'ordre des sciences naturelles. D'Alembert a été autrefois l'expression la plus complète de cet alliance entre les divers groupes qui forment aujourd'hui notre Institut. Au siècle dernier, il était l'un des premiers, à la fois dans l'ordre triple des sciences, de la philosophie et de la littérature, et vos prédécesseurs l'avaient constaté en le choisissant pour secrétaire perpétuel. Parmi nos contemporains, Cl. Bernard, Dumas, Pasteur, Joseph Bertrand, librement élus des deux côtés, ont cumulé les titres de nos Académies. J'ajouterai pour les trois premiers, comme pour moi-même, le titre de l'Académie de médecine: les services qu'elle rend à l'humanité ne doivent pas être tenus en oubli. Sans prétendre me comparer à ces grands hommes, je demande la permission d'invoquer leurs précédents. Joseph Bertrand en particulier attachait à son titre de l'Académie française une importance extrême: je n'oserais dire exagérée, craignant de manquer de modestie; je veux dire, d'oublier qu'il convient à chacun de nous de ramener à l'humble mesure de sa personnalité les distinctions et les dignités dont il peut être honoré. En tout cas, votre aimable accueil, et, j'ajouterai le témoignage de sympathie des gens de mérite qui auraient pu prétendre à vos suffrages et qui se sont effacés, non sans doute devant ma personne, mais devant la science dont vous témoignez le désir d'accueillir un nouveau représentant; toutes ces circonstances ont simplifié ma tâche. Certains malveillants prétendent qu'il faut quelquefois pour pénétrer ici montrer patte blanche: sans doute on ne doit offenser personne de propos délibéré, quand on entre dans une compagnie éclairée et polie comme celle-ci; mais elle aime avant tout que chacun conserve son individualité, ses amis et sa figure propre.

Si l'honneur que vous m'avez accordé est attristé à certains égards par le souvenir des confrères que j'aurais pu trouver dans cette enceinte et qui ne sont plus, j'aurai du moins cette douloureuse compensation de rendre à la mémoire de J. Bertrand un dernier hommage: ma tâche sera d'autant plus aisée que Bertrand n'a soulevé dans le monde des esprits, ni les mêmes tempêtes, ni le même ordre de sympathies que Renan: son mémorial n'expose pas celui qui le rappelle aujourd'hui devant vous, comme un pur représentant de la science, aux mêmes contradictions.

Joseph-Louis-François Bertrand naquit à Paris, rue Saint-André-des-Arts, le 11 mars 1822. Il était fils d'un médecin distingué, de provenance bretonne. Notre confrère gardait l'empreinte de sa race, sensible à première vue dans l'aspect rond et brachycéphale de sa tête, aussi bien que dans la franche sincérité de son accueil. Sa famille était originaire de Rennes, ville avec laquelle il conserva toujours d'étroites relations. Son grand-père maternel, M. Blin, y avait laissé des souvenirs durables; patriote ardent, volontaire à l'armée du Rhin, adversaire politique résolu de Carrier à Rennes, il représenta sa ville natale au Conseil des Cinq Cents. Directeur des Postes sous l'Empire, il fut destitué en 1815. Sa vie se prolongea jusqu'en 1834; il survécut à son fils le médecin et put goûter les prémices de l'enfance de ses petits-fils et prévoir, dans les rêves anticipés d'un aïeul, la destinée brillante qui les attendait. Alexandre Bertrand, le père de nos confrères, né à Rennes, était lui-même élève de l'École polytechnique, et il semblait destiné à l'étude des sciences exactes, lorsque l'École fut licenciée en 1815. Il dut chercher une autre carrière et adopta celle de médecin. Les liens de descendance qui existent entre les hommes qui s'adonnent à la médecine et ceux qui cultivent la science pure se retrouvent dans l'histoire de bien des philosophes, depuis Aristote jusqu'à nos jours. A cet égard, je suis aussi le successeur de Joseph Bertrand. Son père Alexandre s'occupait d'ailleurs autant de philosophie scientifique et de psychologie que de pratique. Rédacteur au *Globe*, il y connut Dubois de la Loire, Pierre Leroux et un certain nombre des hommes originaux et d'initiative qui prirent part à la tentative de rénovation sociale essayée par les Saint-Simoniens après 1830: tentative avortée sans doute, quant à sa formule immédiate, mais qui a laissé des traces profondes dans l'évolution de la génération qui nous a précédés. Les relations du père de Bertrand avec les Saint-Simoniens furent étroites; elles devinrent l'origine de celles de notre confrère avec les Pereire, qui ont joué un rôle si important dans l'histoire financière du second Empire.

Joseph Bertrand avait un frère aîné, plus âgé de deux ans, qui marque aussi parmi les hommes de notre temps: c'est notre confrère, Alexandre Bertrand, membre de l'Académie des Inscriptions et Belles-Lettres. Leur père ne devait pas assister aux succès de ses fils: il mourut jeune en 1831, des conséquences d'une chute, suivie d'une maladie qui dura un an. Il était âgé de trente-six ans seulement; il laissait une veuve presque sans ressources, avec quatre enfants en bas âge. Heureusement, c'était une personne de tête et de dévouement, qui sut les élever, leur communiquer son énergie et la hauteur de son caractère moral. Elle a vécu jusqu'à l'âge le plus avancé; les amis de Bertrand ont tous connu cette femme distinguée, qui, plus heureuse que son mari, put jouir jusqu'au bout des succès de ses enfants. L'une de ses filles épousa M. Hermitte, autre confrère, que nous venons de perdre, et dont la vieillesse octogénaire a été entourée du respect des mathématiciens du monde entier. Duhamel, oncle des jeunes Bertrand, et mathématicien très distingué lui-même, depuis membre de l'Académie des sciences, où je l'ai remplacé, concourut à leur éducation, à celle de Joseph principalement, qu'il fit venir à Paris. Duhamel y dirigeait alors une institution préparatoire à l'École polytechnique. De là une séparation entre les deux frères, Alexandre étant resté avec sa mère à Rennes, où une bourse du lycée lui avait été attribuée. Malgré cette circonstance, l'enfance de Joseph ne manqua pas de soins maternels, grâce à sa tante, Mme Duhamel, dont nous avons aperçu autrefois la physionomie affectueuse et un peu bourrue. Si l'on ajoute à tous ces noms d'académiciens, celui d'un autre parent, le naturaliste Roulin, qui voyagea dans l'Amérique équatoriale, on voit que J. Bertrand se trouva, dès sa première enfance, entouré de personnes hors ligne, aussi bien au point de vue scientifique qu'au point de vue moral: leur influence ne dut pas être étrangère au développement de son intelligence et de son coeur. Quelques lettres de J. Bertrand, âgé de neuf à onze ans, attestent la vive affection qu'il portait à sa mère et aux siens, sans accuser d'ailleurs dès cette époque aucune intelligence exceptionnelle. Cependant celle-ci se serait manifestée de très bonne heure, d'après des légendes qui ont eu cours et qui en feraient un enfant prodige. Ce qui est sûr, c'est qu'à quatre ans il savait lire; à huit ans il traduisait le *De Viris*. On a dit qu'à onze ans, il aurait passé les examens de l'École polytechnique, et le fait est signalé dans une lettre de M. Blin: mais il s'est agi sans doute d'examens comparatifs, et non d'examens soutenus avant l'âge, dans les conditions réglementaires et devant les examinateurs officiels. De semblables examens bénévoles n'ont pas coutume de trouver place dans un système strictement et officiellement défini, tel que celui des grandes Écoles de l'État. Nous avons connu à l'Académie des sciences plus d'un enfant prodige; mais quelque facilité d'étude qui leur ait été accordée, dans l'ordre des sciences du moins, aucun d'eux n'a justifié les espérances premières: les facultés de mémoire, qui sont en général leur principal attribut, ne présagent en rien les facultés rationnelles de l'homme mûr.

Quoi qu'il en soit, il est certain que J. Bertrand fut admis, en 1839, le premier à l'École polytechnique, à l'âge réglementaire de dix-sept ans. S'il en sortit seulement le sixième, ce n'est pas qu'il eût perdu sa supériorité intellectuelle sur ses camarades; mais les rangs sont assignés, comme on sait, d'après un système de moyennes, plus favorable à la médiocrité distinguée qu'au talent hors ligne. Le rang de Bertrand fut abaissé, en raison de sa nullité en dessin et dans les exercices graphiques. Je crois même qu'au temps présent, cette nullité l'eût mis à la queue, c'est-à-dire en dehors du classement. Voilà où conduit la prétention de tout réglementer au nom d'une justice absolue!

J. Bertrand n en conserva pas moins une primauté reconnue, dès l'âge de vingt-cinq ans, parmi les jeunes gens de sa génération. Retraçons rapidement le tableau de son *cursus honorum*. Docteur ès sciences dès l'âge de seize ans, élève de l'École polytechnique à dix-sept ans, la facilité sans pareille de Bertrand lui permit, en même temps qu'il poursuivait à l'intérieur de l'École le cours des études et des examens réglementaires, d'affronter au dehors les concours les plus difficiles. Pendant sa première année, il acquit ainsi le titre d'agrégé de Faculté, récemment institué; pendant la seconde année, le titre d'agrégé de l'enseignement secondaire, toujours au premier rang avec dispense d'âge. A la vérité, le premier concours fut une déception: la Sorbonne était hostile à ce nouveau grade; il en résulta une exclusion singulière. En fait, il fut entendu, ou plutôt sous-entendu, entre les professeurs de l'époque, que les nouveaux agrégés ne seraient jamais choisis par eux comme remplaçants ou suppléants. Au lieu d'ouvrir aux jeunes triomphateurs la carrière, leur titre la ferma; ce fut sans doute l'une des raisons pour lesquelles J. Bertrand devint plus tard professeur au Collège de France, mais jamais à la Faculté des sciences.

Auparavant, il avait professé dans l'enseignement secondaire, d'abord au lycée Saint-Louis, en 1844; plus tard, à partir de 1853, au lycée Napoléon, où mon ami d'Alméida exposait en même temps la physique; il servit d'intermédiaire entre nous. Cependant, on ne saurait se passer des gens de mérite dans l'enseignement supérieur. Aussi Bertrand, écarté de la Sorbonne, était-il devenu maître de conférences à l'École normale supérieure; puis suppléant de Biot au Collège de France. Avant de lui succéder, il fit un long apprentissage, non seulement scientifique, mais psychologique, et il racontait volontiers, sur ses relations avec son titulaire et sur la stricte économie de celui-ci, des anecdotes, que je ne voudrais pas rapporter dans cette enceinte, où Biot a figuré à son jour, dans son extrême vieillesse. Le caractère indépendant de J. Bertrand se manifesta, dès lors, par plus d'un trait; j'en citerai un seul, qui aurait pu briser sa carrière, au cours de la dure période d'oppression intellectuelle que les hommes de ma génération ont subie de 1850 à 1860. Après la mort de l'un des personnages politiques notables du temps, le ministre de l'Instruction publique d'alors jugea à propos d'ouvrir une souscription pour élever une statue au défunt. On fit passer la liste parmi les professeurs de lycée. Plus d'un laissa blanche la ligne tracée vis-à-vis de son nom. Tel fut le cas, au lycée Napoléon, de d'Alméida et de J. Bertrand. Le proviseur, mécontent, leur fit représenter la liste; nos deux amis impatientés, écrivirent en face de leur nom le chiffre définitif zéro. Heureusement le proviseur, soit touché de quelque sympathie secrète, soit plutôt effrayé et craignant pour lui-même, supprima la feuille d'inscription.

Cependant, J. Bertrand marquait sa place dans la science par des découvertes originales; il était élu en 1856, à l'âge de trente-quatre ans, membre de l'Académie des sciences, en remplacement de Sturm: il fut nommé la même année que son beau-frère Hermitte. Il devint successivement professeur à l'École polytechnique en 1856 et au Collège de France en 1862, puis correspondant et associé d'une multitude d'académies et sociétés scientifiques étrangères. En 1874, il succéda à Élie de Beaumont comme secrétaire perpétuel de l'Académie des sciences; en 1884, il remplaça Dumas à l'Académie française.

On voit que sa carrière publique fut rapide et heureuse, sans grandes péripéties. Le succès en était légitime, car son oeuvre est considérable, tant au point de vue scientifique qu'au point de vue littéraire. Le moment est venu de résumer cette oeuvre avant de parler de l'homme privé, de son caractère et de l'influence qu'il a exercée autour de lui.

Le mérite d'un membre de l'Académie française consiste essentiellement dans ses créations littéraires; mais celui d'un membre de l'Académie des sciences est d'un ordre différent. Malgré le mot de Buffon: «Le style, c'est l'homme même», le plus puissant génie scientifique peut être un littérateur médiocre; j'en trouverais plus d'un exemple parmi les savants que nous avons connus.

Mais tel n'était pas le cas de Bertrand; il avait des titres acceptés de tous, dans l'ordre littéraire comme dans l'ordre scientifique.

Commençons par ces derniers; ce sont les titres qui ont fait sa gloire: mais on ne saurait en exposer ici tout le détail. Ils se sont manifestés sous trois formes: mémoires originaux, enseignement personnel au Collège de France, livres destinés: les uns, à développer les grandes théories des mathématiques pures et de la physique mathématique; les autres, consacrés à l'enseignement élémentaire. Le premier de ces mémoires originaux date de 1843: il fut l'objet d'un rapport favorable adopté par l'Académie des sciences. Bertrand avait alors vingt et un ans. Puis se succédèrent des recherches géniales, dont je ne puis énoncer ici que les sujets. Surfaces isothermes et orthogonales, théorèmes relatifs à l'intégrabilité des fonctions différentielles, à la similitude en mécanique, au calcul des variations, au calcul des probabilités et aux propriétés des intégrales des problèmes de la mécanique, etc.; on voit qu'ils touchent aux branches fondamentales de l'analyse. Ses cours au Collège de France étaient par destination consacrés aux plus hautes questions de la physique mathématique: ils ont laissé des traces profondes dans l'esprit des auditeurs volontaires auxquels de telles questions sont accessibles. Trois de ces cours, consacrés à la thermodynamique, à l'électricité, au calcul des probabilités, ont été imprimés par J. Bertrand sous une forme définitive; je citerai surtout le premier. A l'instar des mathématiciens les plus distingués, il a consacré un volume publié en 1887 à la thermodynamique. De l'aveu unanime, c'est un des traités les mieux faits, et les plus solides, sur cette science, créée de notre temps. Il avait aussi entrepris un grand ouvrage d'ensemble sur les calculs différentiel et intégral, ouvrage qu'il s'est complu à composer pendant les années de son âge mûr. Les deux premiers volumes seuls, très remarqués, ont été imprimés: le troisième était prêt en manuscrit, lors du siège de Paris en 1870, après une longue élaboration. Sa perte n'a peut-être pas été l'un des moindres parmi les désastres de l'année terrible. En effet, il fut brûlé par les incendiaires de la Commune, avec l'appartement et la maison de Bertrand, située rue de Rivoli, au voisinage de l'Hôtel de ville. Bertrand supporta ce malheur avec une douleur stoïque, mais il ne recommença jamais son travail.

Quoi qu'il en soit, l'ensemble de l'oeuvre scientifique de Bertrand: mémoires originaux, leçons du Collège de France et traités élémentaires, présente certains caractères généraux, communs à tous ses travaux. Ils se distinguent par la netteté et la concision du style, la solidité des preuves, la fécondité des aperçus. Bertrand n'avait pas suivi en vain les leçons de son oncle Duhamel, célèbre par la précision un peu sèche de ses démonstrations, dont la certitude rivalise avec celle des géomètres grecs. La rigueur varie avec les temps et les conceptions, même dans le domaine du calcul: le jour n'est plus où l'on se contentait, en analyse mathématique,—plus d'un homme célèbre l'a fait au dix-huitième siècle, —d'invoquer les analogies et la généralité de l'algèbre. Ce genre de preuves, emprunté à la critique historique, est fallacieux en algèbre et en géométrie. Le doute de notre époque est même remonté plus haut: le caractère relatif de ces vérités, que l'on regardait autrefois comme des axiomes en géométrie, a été mis en évidence par les discussions relatives à la théorie des parallèles et à la géométrie non euclidienne. Les énoncés fondamentaux qui servent de base à la mécanique rationnelle ont été atteints plus gravement encore par le même scepticisme logique; on s'accorde aujourd'hui à les envisager comme empiriques: ce qui n'enlève rien d'ailleurs à la force des déductions qu'on en tire et dont l'enchaînement rigoureux sert de fondement à la physique mathématique; je dis n'enlève rien, à la condition de ne pas sortir dans les applications aux phénomènes naturels du cercle étroit tracé par les définitions absolues, que l'abstraction des géomètres a tirées des faits d'expérience.

Mais c'est assez nous étendre sur les découvertes de Bertrand en mathématiques, quoiqu'elles constituent la partie principale de sa gloire: d'autres les rappelleront bientôt avec plus de compétence que moi au nom de l'Académie des sciences.

Le moment est venu de parler de l'oeuvre littéraire. J. Bertrand débuta, dans la carrière des lettres, par un livre intitulé: *les Fondateurs de l'Astronomie*, oeuvre essentiellement destinée au grand public, par sa clarté et l'intérêt de ses expositions: l'appareil des démonstrations mathématiques s'y trouve simplifié et réduit au minimum. A première vue et en apparence, il semble s'agir seulement dans ce livre de biographies: c'est le récit de la vie et de l'oeuvre de cinq grands astronomes d'inégal génie: Copernic, Tycho-Brahé, Képler, Galilée, Newton. Ce récit se développe dans le livre de J. Bertrand, comme dans l'histoire des sciences, à la façon d'un drame en cinq actes: exposition, péripétie, crise de violence et de trahison, enfin dénouement triomphant. L'exposition est l'oeuvre de Copernic, qui soulève le problème du système du monde, centralisé pour tout le moyen âge autour de la terre immobile, d'après la tradition de la science antique et celle du dogme catholique. Copernic prétend faire mouvoir tout ce système, et la terre elle-même autour du centre solaire, comme l'avaient soutenu les Pythagoriciens, non suivis par Ptolémée. Cependant Copernic, redoutant sans doute pour lui-même les conséquences de son innovation, retarde la publication de son livre jusqu'à sa mort, et le problème demeure simplement posé; les données connues à cette époque ne suffisaient pas pour lever toute contradiction.

Tycho-Brahé, artisan scientifique patient, accumule au siècle suivant les données nécessaires, sans entrer dans la théorie.

Képler, génie supérieur à Copernic, tire de ces données, en les combinant avec des vues mystiques sur l'harmonie des mondes, les trois lois fondamentales de l'astronomie.

A ce moment, il semble que le drame touche à son dénouement; les preuves sont groupées, la conclusion certaine. C'est alors qu'éclate le conflit entre la certitude scientifique et l'affirmation dogmatique. Ce conflit se complique d'éléments moraux. Jusque là tout s'était passé dans un domaine ignoré des puissants qui gouvernent les Etats et des docteurs qui enseignent la théologie. L'italien Galilée introduit avec éclat dans le cercle officiel les vérités nouvelles de l'Astronomie, en même temps qu'il révolutionne par l'invention du télescope la connaissance physique du monde sidéral. Galilée n'hésite pas à proclamer bien haut ses découvertes et celles de ses prédécesseurs, dans un langage compris de tous. Il fait appel à l'opinion publique; mais les autorités conservatrices de l'époque ne l'entendaient pas ainsi. La liberté de penser était proscrite en Italie, dès que le dogme semblait mis en jeu. Aussi la riposte ne tarde guère, donnée par l'Inquisition. Le bras séculier intervient pour étouffer la vérité scientifique, traitée d'hérésie et d'impiété: Galilée est persécuté, obligé de se rétracter. Vains efforts! la force est impuissante contre une vérité démontrée. Si Descartes se tait, redoutant l'oppression, tout ce qui pense et sait alors en Europe n'en demeure pas moins convaincu par les preuves de Galilée.

Enfin Newton vient, le grand Newton, qui découvre la loi de l'attraction universelle et en déduit la démonstration mathématique des lois de Képler. J. Bertrand, élevant sa pensée avec celle des astronomes dont il raconte l'histoire, proclame leur réussite avec une ardeur et un enthousiasme croissants: son chapitre sur Newton est le plus beau du volume, et peut-être de toute son oeuvre littéraire.

En 1869, Bertrand publia un nouveau volume, intitulé: l'*Académie des Sciences et les Académiciens de 1666 à 1793*; volume très intéressant, mais d'un caractère moins général que les *Fondateurs de l'Astronomie*. Il ne s'agit pas en réalité dans cet ouvrage de l'histoire complète des sciences en France au dix-huitième siècle, comme le titre semblerait le promettre. L'auteur déclare tout d'abord dans sa préface qu'il n'a pas entrepris une tâche si vaste et si difficile: ce qu'il expose avec sa clarté ordinaire, c'est l'organisation de l'ancienne Académie, les changements qui l'ont portée, dès le temps de Louis XV, de seize membres à cinquante, coordonnés par une hiérarchie systématique. Il y joint quelques-uns des traits les plus frappants de la vie et du caractère des principaux de ses membres, sans oublier que le mot biographie n'est pas synonyme d'éloge, c'est-à-dire en y mêlant quelques-uns de ces traits fins et spirituels qui devaient prendre par la suite une importance majeure dans son oeuvre littéraire. Il relève entre autres cette idée étrange des premiers organisateurs de l'Académie que, pour atteindre la perfection dans une partie, il suffit de la faire exécuter par les efforts coordonnés des gens qui la cultivent. Par exemple, l'Académie entreprenait de composer un *Traité de mécanique*, oeuvre destinée, croyait-on, à fixer la science d'une façon définitive et où chaque géomètre à tour de rôle «était député pour penser à une question»; c'est-à-dire, dans un français plus clair, chargé de composer un chapitre: on le lisait et on le discutait en commun. Mais il était interdit aux membres de l'Académie de publier leurs ouvrages personnels sans l'autorisation du corps, de crainte qu'ils ne s'appropriassent le travail collectif.

Les auteurs d'une semblable conception se faisaient une étrange idée des sciences exactes, qui procèdent au contraire par l'initiative individuelle et se modifient sans cesse.

Je ne pousserai pas plus loin l'analyse du volume de Bertrand, rempli de détails intéressants sur les travaux divers et sur les membres célèbres de l'Académie aux dix-septième et dix-huitième siècles: c'est une revue amusante et instructive. Je regretterai seulement que le peu de sympathie que Bertrand professait pour la politique l'ait empêché de rendre entière justice à Condorcet et à son oeuvre philosophique. Le volume se termine par le récit tragique de la suppression des Académies en 1793. Elles devaient renaître presque aussitôt sous le nom de l'Institut. Un État constitué, une société moderne ne saurait se passer de savants, en raison des services continuels qu'ils rendent à tous les arts et à toutes les industries: le rang, la richesse et la puissance d'une société humaine se mesurent aujourd'hui par son degré de culture scientifique.

J'ai dû consacrer quelques développements à l'analyse des deux ouvrages littéraires principaux publiés par notre confrère. Mais ils ne constituent qu'une fraction, très notable à la vérité, de son oeuvre littéraire; on doit y comprendre en effet les articles publiés dans diverses revues, et surtout son discours de réception à l'Académie française, ainsi que les éloges et notices scientifiques qu'il a consacrés à ses anciens confrères, à partir de 1863 et 1865, tels que ceux de Sénarmont et d'Arago, et les douze ou treize notices lues en réunions solennelles, depuis l'époque où il succéda à Élie de Beaumont comme secrétaire perpétuel.

Dans ces notices, dans ces articles, on retrouve les qualités ordinaires de clarté et de précision qui le distinguaient, mais avec une physionomie nouvelle.

MESSIEURS,

La tribune académique ne fait pas entendre les mêmes accents que la chaire du professeur ou du prédicateur. On n'y enseigne ni la philosophie de la nature, dévoilée par les efforts du penseur ou de l'expérimentateur, ni les vérités morales, révélées par la religion, ou retrouvées au fond du coeur humain. Ce que l'on vient chercher ici, ce n'est pas une leçon, c'est un plaisir délicat, une jouissance littéraire, dont tout effort, tout ennui doit être banni pour l'auditeur. C'est d'après ces idées que l'Académie française a été fondée, il y a deux cent soixante ans; c'est en s'y conformant qu'elle a vécu, et qu'après une éclipse de courte durée, elle a reparu avec sa vieille formule et ses vieilles traditions. J. Bertrand l'avait compris mieux que personne, et c'est dans ces vues, suivant ces principes, qu'il avait coutume de parler dans votre enceinte. Il les a même transportés, suivant une certaine mesure, dans les éloges qu'il prononçait au nom de l'Académie des Sciences. Ce qu'il y recherchait d'abord, c'était de plaire à l'auditoire distingué qui se presse autour de cette tribune. Ses discours abondent en morceaux ingénieux et spirituels, applaudis des assistants. Il se plaisait à dire parfois que la vie humaine privée n'était pas dirigée par la logique, ni même la vie sociale; au moins il l'a écrit, en me donnant des nouvelles de la Rome moderne, à l'époque, où il la visita: c'était au temps du pouvoir temporel du pape. S'il touche aux idées générales dans ses éloges, c'est d'ordinaire en glissant, et comme en se jouant, à la façon de Fontenelle. Il préfère insister sur les traits de caractère, sans craindre ni la phrase un peu vive, ni la forme paradoxale, parfois même caustique, surtout pour le trait final.

En cela, je le répète, il était vraiment membre de l'Académie française, et peut-être regretterez-vous plus quelquefois de ne pas retrouver la même supériorité dans le successeur que vous lui avez donné. Ce que je m'efforcerai du moins de vous rendre, c'est le sérieux moral, le dévouement aux choses élevées, l'amour du bien, je dirai plus, la bonté et la générosité privées, qui ont toujours guidé J. Bertrand dans sa vie publique comme dans sa vie de famille. Ce sont là les traits éminents de son caractère que je vais essayer de vous retracer maintenant, en les rattachant aux souvenirs de son existence privée.

Doué d'un esprit actif et aimable, possédant à la fois une haute culture scientifique et littéraire et le goût de l'art et de la nature, indépendant de caractère, sympathique à toute initiative personnelle, et toujours prêt à obliger, J. Bertrand devait avoir de bonne heure des amis fidèles dans des ordres divers. Quelques-uns, Briot, Serret, Bixio, Marcel Aclocque ont laissé leur trace dans la science ou dans l'industrie.

Le dernier, son camarade à l'École polytechnique, l'introduisit en 1840 dans sa propre famille. J. Bertrand y fit connaissance de sa soeur, qu'il épousa au mois de décembre 1844. Une légende très répandue, mais inexacte, attribuait la connaissance d'Aclocque et de Bertrand aux relations établies entre eux par la catastrophe survenue le 8 mai 1842 sur le chemin de fer de Versailles rive gauche. On sait que cette catastrophe coûta la vie à une centaine de personnes. J. Bertrand et son frère Alexandre y furent tous deux grièvement blessés. Mais à cette époque Joseph était déjà lié avec la famille Aclocque.

Cette union fut parfaitement heureuse, pendant les cinquante-six années de la vie ultérieure de Bertrand: les savants ont pour la plupart le goût et les vertus de la famille. Six enfants naquirent, dont trois fils qui occupent tous une place distinguée parmi les hommes de notre époque. L'aîné, Marcel Bertrand, est aujourd'hui ingénieur des Mines et membre de l'Académie des Sciences.

La maison des Bertrand ne tarda pas à devenir un centre de réunion pour la jeunesse des deux sexes. Vers 1860, il demeurait rue de Rivoli: on rencontrait dans son salon à la fois les familles de savants réputés, notamment celles de Boussingault et de Bréguet, et les jeunes professeurs qui commençaient à se signaler dans la vie. Plus d'un parmi eux y forma de nouveaux liens de famille. Les petits groupes de cette nature étaient particulièrement précieux sous l'Empire, à une époque où l'esprit d'indépendance était mal vu et même persécuté, après le coup d'État et la tentative criminelle d'Orsini. Aussi la jeunesse était-elle heureuse de se retrouver dans un milieu plus libre, en dehors de la compression officielle; je dirai mieux, en dehors de ces conventions académiques, susceptibles d'entretenir une certaine gêne dans les relations, en raison des arrière-pensées que chacun soupçonne.

Cette gêne n'existait pas dans le salon de Bertrand; on y parlait librement des hommes et des choses. Les maîtres de la maison mettaient chacun à l'aise, par leur franchise dépourvue d'artifice et leurs dispositions amicales et serviables. Je ne prétends pas qu'on n'y parlât jamais de candidatures académiques, personne ne me croirait. Mais cela se faisait avec toute discrétion et sans qu'on risquât de se heurter à ces hostilités sourdes et à cet esprit de dénigrement, qu'engendrent les rivalités personnelles et les luttes de longue haleine dans un milieu limité. Au contraire, nul plus que Bertrand n'était opposé aux petites combinaisons d'intérêt et de vanité, trop fréquentes dans les Académies, où on se ligue parfois pour écarter ou retarder les hommes supérieurs. Bertrand a rappelé à cet égard des souvenirs saisissants, dans son histoire de l'ancienne Académie, en racontant comment Laplace fut arrêté longtemps dans sa jeunesse par les jalousies de ses contemporains.

Ce que l'on agitait surtout chez Bertrand, c'étaient les questions de science, de lettres et d'art à l'ordre du jour: la politique étant alors écartée des conversations collectives. Bertrand n'en eut jamais le goût, pas plus que des discussions religieuses ou philosophiques proprement dites.

Il ne s'était jamais déclaré ni royaliste, ni républicain, ni impérialiste, étant peu favorable d'ailleurs à la démocratie. Les seules choses qui fussent pour lui hors de toute discussion étaient la vérité et la vertu, cette dernière par sentiment et comme un attribut obligatoire de la saine nature humaine.

En dehors des mathématiques, où il était égal à toutes les conceptions, il n'aimait pas à s'élever dans ces hautes régions de la pensée où l'air devient difficilement respirable, et où la nécessité de concilier les antinomies de la métaphysique ne permet pas ces raisonnements absolus et définitifs, si chers aux mathématiciens. A cet égard, J. Bertrand s'écartait des savants du dix-septième et du dix-huitième siècle. S'il poursuivait dans son ordre particulier le même genre de problèmes, il était dissemblable de ses prédécesseurs par une sorte de répulsion qu'excitaient en lui les idées générales, nécessairement vagues et flottantes sur certains points et complexes comme la nature même des choses humaines, qui ne se prêtent pas à la rigueur des démonstrations. Les énoncés généraux excitaient dans Bertrand l'esprit critique, qu'il avait fort aiguisé: il saisissait aussitôt le point faible, le défaut de la cuirasse logique, et il se plaisait à contredire les opinions, les préjugés courants. Cet esprit de subtilité s'est même développé de plus en plus avec les années: à une thèse historique reçue, il s'est plu plus d'une fois à opposer une antithèse spécieuse et intéressante, comme l'ont montré quelques-uns de ses derniers articles sur Pascal.

Par compensation, Bertrand était d'une sincérité absolue, toujours prêt à revenir sur une assertion trop tranchée et toujours empressé à éviter les froissements des amours-propres. Il était surtout sympathique aux natures droites comme la sienne, alors même que ses amis se distinguaient sur d'autres points par des qualités et des défauts contraires aux siens. Dans ces conditions de caractère, on conçoit que les relations privées avec Bertrand fussent remplies d'agrément. Quelques-unes de ses lettres, pendant la période dont je parle, ont été conservées. Elles sont charmantes, soit qu'il y rapporte son voyage à Venise et à Florence, dirigé par la fantaisie: «C'est une nouveauté pour moi de suivre un programme arrêté à l'avance»; soit qu'il montre son jeune fils Marcel, traversant le Saint-Gothard en 1861, et ne voyant dans la nature qu'un sujet de vers latins: il ne laissait guère présager alors le géologue de premier ordre qu'il est devenu de nos jours. En 1861, J. Bertrand compose son livre sur les fondateurs de l'Astronomie; il en est préoccupé jusqu'à être affecté d'insomnies, pendant lesquelles, comme il arrive souvent, il croit composer des morceaux excellents: «mais au réveil, dit-il, tout s'évanouit; il ne reste plus que la fatigue.» Il admire naturellement le génie de Képler; mais son mysticisme le surprend: «C'est, m'écrivait-il, un singulier homme; on frémit en lisant ses écrits à l'idée d'avoir à juger les travaux d'autrui, Combien de fois, s'il m'avait consulté, je l'aurais dissuadé de continuer, en lui démontrant que sa voie est mauvaise et ne peut conduire à rien, cependant vous savez ce qui est advenu!»

Le siège de Paris a laissé une trace profonde dans la vie et les souvenirs des hommes de ma génération, et Bertrand n'y resta, pas plus qu'aucun autre, indifférent. Nous avons tous, chacun suivant ses aptitudes, pris rang parmi les défenseurs de la cité. J. Bertrand y concourait même doublement, par lui-même, modestement d'ailleurs, mais surtout par son fils Marcel, alors élève de l'École polytechnique et, comme tel, faisant fonction d'officier. Je me rencontrai plus d'une fois avec son père sur le plateau d'Avron, où nous arrivions guidés par des mobiles différents, notamment le jour de la bataille de Champigny. Bertrand y venait voir son fils, tandis que je m'y rendais pour essayer du haut de la colline le tir sur l'ennemi des canons chargés par la culasse, fondus dans Paris aux frais d'une souscription nationale. Quelques jours après, nous y trouvâmes le colonel Stoffel, concourant stoïquement à la défense de la Patrie, après avoir joué le rôle ingrat de Cassandre, en prévenant de Berlin l'Empereur des dangers que présenterait une semblable guerre. Nous discourûmes ensemble sur les malheurs de la France, en nous chauffant, par 10 degrés de froid, devant un feu alimenté au moyen des parquets et des volets arrachés d'une villa ruinée par le bombardement du plateau. De tels spectacles avaient cessé d'étonner les Parisiens; chacun de nous avait une petite maison de campagne dans le même état; le désastre général nous avait rendus indifférents à nos maux particuliers.

Cependant Bertrand, tout en remplissant ses devoirs publics, ne perdait pas de vue les besoins de son foyer hospitalier: il s'agissait de le ravitailler, oeuvre difficile dans l'intérieur de la ville, où tout était rationné, mais plus aisée dans la banlieue de Paris. La viande de cheval surtout abondait à Montreuil, et Bertrand en rapportait chaque fois quelque provision, d'autant plus nécessaire que sa maison était devenue le refuge de bien des amis isolés à Paris. Ce n'était pas mon cas, car j'étais resté à mon poste avec ma femme. Mais nous venions réchauffer notre courage de temps à autre, dans la maison généreuse et de bonne humeur de la rue de Rivoli. On s'y partageait parfois quelques trouvailles, découvertes par les hôtes qui y avaient pris nourriture, dans les petits magasins amassés secrètement par certains de nos amis, exilés de Paris au dernier moment. Le fromage, surtout, faisait prime aux jours de détresse.

C'est ainsi que nous vivions, chacun faisant son devoir, au milieu de la cité bombardée, affamée et troublée par des discordes intestines, qui devaient aboutir plus tard à l'explosion de la Commune.

Après le siège et la Commune, nous nous réinstallâmes tant bien que mal dans nos maisons de campagne du haut Sèvres, à défaut des domiciles de Paris: les uns brûlés comme celui de Bertrand; les autres, comme le mien, ravagés par les gaz de l'explosion de la poudrière du Luxembourg. Les villas de Sèvres avaient eu leur part du désastre: elles avaient été pillées et les meubles enlevés. Je trouvai sur ma porte, tracée à la craie en gros caractères, cette phrase méthodique et significative: «*Hier ist nichts zu haben*. Ici il n'y a plus rien à prendre». Il en était de même chez Bertrand. Les meubles remplacés, chacun repris sa vie ordinaire, au milieu des tristesses du moment, et peu à peu nous revîmes des jours plus heureux.

Là, en effet, s'était constituée, dès avant 1870, une sorte de confrérie amicale, entre des personnes déjà liées de longue main, telles que J. Bertrand, Renan, Ch. Laboulaye, Hetzel, Ch. Edmond, moi-même et quelques autres. Il y manquait Claretie, dont la liaison avec Bertrand devait devenir plus étroite dans sa dernière résidence de Viroflay.

Mais nos réunions, sans être moins affectueuses, étaient devenues plus sérieuses, et moins animées par la gaieté de la jeunesse, que quinze ans auparavant les soirées de la rue de Rivoli. La maturité de l'âge et le souvenir des catastrophes traversées avaient passé par là.

A Sèvres, nous nous rassemblions tantôt chez l'un, tantôt chez l'autre, surtout le soir, à l'heure où chacun, las de ses travaux de Paris, était venu chercher la fraîcheur et le repos physique et moral. Quelques amis arrivaient de temps à autre de la grande ville, se joindre à nous pour les repas, les promenades et les jeux de nos enfants. Les parents y causaient librement de toutes choses: affaires privées, éducation et santé; et affaires publiques: science, arts, lettres, politique et événements du jour. Cet échange de pensées et d'affections, débarrassé de toute contrainte, au milieu de la verdure et du silence des bois, avait quelque chose de doux et de charmant, que ne saurait oublier le dernier survivant de cette aimable société.

Nous nous reposions des émotions violentes, excitées par les désastres que nous venions de traverser, aussi bien que des soucis du moment présent, qui continuait à être troublé par tant d'incertitudes. Depuis, les membres de cette chère réunion se sont dispersés, même avant le jour de, la séparation finale. Renan choisit un nouveau gîte, dans son pays natal, à Perros-Guirec, en Bretagne; Bertrand émigra moins loin, à Viroflay; tandis que je fondais moi-même à Meudon un laboratoire consacré aux recherches de chimie végétale. La petite société de Sèvres se trouva ainsi dissoute, et nous nous vîmes moins souvent, cependant sans que nos amitiés se fussent refroidies.

Ce fut à Sèvres que Bertrand prit la charge de ces fonctions de Secrétaire perpétuel de l'Académie, où son caractère bienveillant et sociable, son zèle pour le bien public devaient pendant un quart de siècle trouver à s'exercer dans une nouvelle carrière. Il n'envisagea pas son titre nouveau comme une dignité ajoutée à tant d'autres, telles que celles qui viennent sur le déclin de notre vie entourer d'une auréole dernière une figure sur le point de rentrer dans l'éternel sommeil. Non! ses devoirs vis-à-vis de l'Académie étaient des devoirs actifs: il se regardait à la fois comme le représentant des traditions, que ses études sur l'histoire de l'Académie et soixante années de relations avec le monde de notre temps lui avaient appris à connaître, et comme investi d'une sorte de rôle tutélaire. Il usa bien souvent de son influence pour encourager les jeunes talents et les pousser, autant qu'il était en son pouvoir, au premier rang. C'est ce qu'il avait fait jadis pour Léon Foucault, dont il fut le promoteur convaincu et le soutien acharné; jusqu'au jour où il eut la joie de l'entendre proclamer élu à une voix de majorité par l'Académie. Il ne cessa de poursuivre cette ligne de conduite, avec une autorité accrue par les années, lorsqu'il fut devenu Secrétaire perpétuel.

Ce n'est pas qu'il intervînt dans des combinaisons de parti ou de système, qui jouent parfois un rôle dans nos élections: il n'avait pas la prétention de les diriger, comme l'avait essayé autrefois Arago. Bertrand y mettait plus de discrétion: il affectait le rôle d'un arbitre amiable dans nos discussions publiques, aussi bien que dans celles des comités secrets. Son avis n'en avait que plus de poids, pour être moins suspect de passion. Il était d'ailleurs toujours dirigé par des vues élevées et par cette idée qu'une Académie compte surtout dans l'opinion publique en raison du prestige personnel de ses membres. Mais elle ne doit jamais renverser les rôles, et s'imaginer qu'elle communique à ses élus des vertus qu'ils n'ont pas par eux-mêmes. Si la cooptation des hommes supérieurs grandit les Académies, n'oublions jamais que le choix des gens médiocres les diminue. Notre choix consacre les désignations de l'opinion publique, mais ce serait une illusion de croire qu'une compagnie purement intellectuelle a la puissance de les lui imposer. C'est avec cette conviction et cette mesure que Bertrand usait de son autorité dans les affaires de l'Académie des Sciences. Il était d'ailleurs et il fut toute sa vie, depuis ses débuts jusqu'au dernier jour, un conseiller bienveillant pour tous, prompt à dépister l'esprit d'intrigue et les prétentions excessives, et, en cas d'insistance, à les souligner, avec une malice tempérée de bonhomie, sans jamais affecter les formes cassantes des esprits absolus. Son visage ouvert et franc, auquel une ancienne blessure donnait parfois quelque apparence sarcastique, ses saillies brusques et spirituelles, sa subtilité intuitive, sa vaste mémoire qui connaissait tous les précédents, sa curiosité alerte, toujours en éveil, faisaient le charme de ses confrères. Ajoutons que ce charme purement intellectuel était rendu plus complet et plus pénétrant par la générosité de son coeur, et par les traits de désintéressement et de charité délicate dont toute sa vie abonde.

Le titre de Président de la Société des Amis des Sciences lui donna une occasion plus directe d'exercer ces rares qualités vis-à-vis des savants malheureux et de leur famille et on ne trouva jamais en défaut sa bonne volonté, dût-il compléter aux dépens de sa propre bourse les ressources trop promptement épuisées de cette utile Association.

Voilà, Messieurs, pourquoi Bertrand était si aimé de l'Académie des Sciences et voilà pourquoi vous l'aimiez. Vous l'aimiez, nous l'aimions tous, non seulement parce qu'il nous aimait, mais parce qu'il était aimable par lui-même, aimable en soi, comme disent les philosophes!

Messieurs, proclamons-le hautement; quelque élevées que soient les conceptions de l'art et de la science, il n'en est pas moins certain que les qualités les plus nobles de l'homme sont l'amour du bien, la volonté passionnée de rendre ses semblables heureux et bons: ce sont là les qualités maîtresses, celles qui laissent dans les souvenirs de nos contemporains la trace la plus émue et la plus profonde.

Telle fut la vie de J. Bertrand, modèle de la vie d'un savant de premier ordre de notre temps!

* * * * *

RÉPONSE DE M. JULES LEMAÎTRE MONSIEUR,

Je serais assez embarrassé de mon rôle, si la majesté de la Compagnie au nom de laquelle je vous souhaite la bienvenue ne me devait rendre un peu d'honnête assurance. Ignorant, j'ai à louer deux des plus illustres savants du siècle: votre prédécesseur et vous-même, monsieur. Cela veut dire que je dois parler de deux hommes dont je suis incapable de concevoir pleinement et nettement les travaux. Mais, du moins, j'en connais l'utilité supérieure, j'en devine la beauté, et je puis me faire quelque idée du tour d'intelligence de ceux qui les ont accomplis. Cela suffira, j'espère, et c'est aussi tout ce qu'on attend de moi.

Au reste, en ce qui regarde M. Joseph Bertrand, vous avez heureusement simplifié ma tâche. Vous avez parlé de l'homme en ami, en contemporain à la fois affectueux et clairvoyant, et vous avez défini et jugé son oeuvre scientifique comme seul le pouvait faire un de ses pairs. Après vous avoir entendu, nous sommes encore plus assurés que Joseph Bertrand, dans un ordre de spéculations accessible à très peu de cerveaux, fut un maître et un créateur.

Voilà, nous les profanes, tout ce que nous savons ici. Nous savons qu'il y a une science des nombres, dont nous avons été à peine capables de balbutier l'abécédaire; que quelques privilégiés seulement y peuvent faire des découvertes qui les ravissent, qui les font vivre dans une espèce de rêve dont le délice nous est inconnu, et d'où, cependant, sortent quelquefois des inventions pratiques qui transforment l'industrie humaine et profitent à l'humanité tout entière. Il y a, dans la gloire de ces hommes, un mystère qui nous la rend plus sacrée. On les voit un peu du même oeil que les Égyptiens voyaient les prêtres d'Isis. Le monde entier, le peuple et les lettrés qui, là-dessus, sont aussi ignorants que le peuple, les vénèrent sans rien comprendre à ce qu'ils font. Nous les sentons bienfaisants et lointains.

Et nous les sentons heureux d'une autre façon que nous. L'imagination des nombres et de leurs relations, portée au degré où elle devient du génie, doit faire, aux rares mortels qui en sont doués, une vie intellectuelle notablement différente de la nôtre. On devine qu'ils sont des poètes à leur manière, qu'ils jouent avec les nombres comme les poètes de la parole écrite jouent avec les images concrètes. Le monde des nombres et des formes géométriques que les nombres traduisent est sans doute un infini aussi émouvant que l'univers des formes sensibles. Or celui-ci n'est point fermé aux mathématiciens; mais l'accès de leur univers nous est interdit. N'avons-nous donc pas quelque raison de croire que, si la vie est le songe d'une ombre, leur songe est plus complet que le nôtre, et que l'enchantement en est double!

Ce qui me reste à faire, c'est de conter quelques anecdotes sur Joseph Bertrand. On sait qu'il avait été un enfant d'une extraordinaire précocité, une sorte d'«enfant prodige». A quatre ans, une fluxion de poitrine le retint longtemps au lit. La mère donnait des leçons de lecture à son fils aîné près du lit du petit malade. Très attentif sans en rien dire, Joseph étudiait et repassait dans sa tête les assemblages de lettres et de syllabes. On lui avait donné un livre d'histoire naturelle, tout plein d'images. La mère fut bien surprise, et plus joyeuse encore, lorsque, un jour, elle l'entendit lire couramment: *la Brebis et le Chien-Loup*. Joseph Bertrand se souvenait avec plaisir de ce trait de son enfance. «Je tiens, disait-il, à ce qu'on mette dans mon éloge que j'ai appris à lire tout seul.»

Je me conforme d'autant plus volontiers à son innocent désir que ce trait n'est pas un accident, mais qu'il est caractéristique de l'habituelle démarche de son esprit. Il continua de tout apprendre librement et par lui-même. Son enfance et son éducation ressemblent singulièrement à celles de Blaise Pascal. Ses aptitudes mathématiques se révélèrent dès son plus jeune âge. Son père les développait sans jamais lui imposer de travail régulier. Il lui donnait, en guise d'amusettes, de petits problèmes de mathématiques ou de géométrie. Déjà tout travail, chez l'écolier, se faisait de tête, à la promenade, en jouant, en se roulant par terre, ce qui était sa posture favorite. Il combinait, sous son front enfantin, les rapports des nombres et des surfaces en esquissant des culbutes.

Ses parents demeuraient chez son oncle Duhamel, qui avait fondé et qui dirigeait, rue de Vaugirard, une école préparatoire à l'École Polytechnique. L'enfant errait en toute liberté par la vaste maison, entrant dans toutes les classes selon sa fantaisie et recueillant ce qu'il pouvait de la parole des professeurs.

Vous ignorez, avez-vous dit, ce qu'il y a de vrai dans la tradition qui veut que Joseph Bertrand ait passé, à onze ans, les examens de l'École Polytechnique. Je puis éclairer ce menu point d'histoire. On lit dans une note qu'il avait lui-même rédigée pour Pasteur, chargé de le recevoir à l'Académie française: «En 1833, mon oncle m'envoya au collège Saint-Louis, suivre la classe de M. Delisle… La même année, il demanda pour moi l'autorisation de suivre les cours de l'École Polytechnique. Le directeur des études, Dulong, exigea que je subisse un examen; M. Lefébure de Fourcy, après m'avoir interrogé pendant une heure, déclara qu'il m'aurait classé deuxième de sa liste. C'était au mois d'août 1833. C'était au mois d'août 1833. J'avais alors onze ans et cinq mois.»

Cette précocité, dont Bertrand fut un éclatant exemple, on sait qu'elle se rencontre quelquefois dans la mathématique et dans la musique; jamais, du moins au même degré, dans la littérature et dans l'art. C'est sans doute que l'imagination des rapports des nombres et de leurs fonctions peut se passer de toute expérience de la vie, de toute observation de la réalité, de toute connaissance des hommes, de toute philosophie, et que tel n'est point le cas de l'imagination littéraire ou plastique. Seules, les inventions mathématiques sont de pures constructions dans l'idéal, dans le possible; elles sont identiques dans les cerveaux pensants et calculants de toutes les planètes, si toutes les planètes sont habitées. Ne tenant à rien de proprement terrestre, elles sont, pour ainsi dire, innocentes; et c'est pourquoi le génie des mathématiques peut résider sous un front d'enfant. Mais des enfants comme Blaise Pascal et Joseph Bertrand n'en sont pas moins extraordinaires et vénérables par la puissance et la rareté du don qui leur fut infus avec la vie.

Votre prédécesseur, Monsieur, semble avoir porté partout cette indépendance d'un esprit qui fut au-dessus des leçons, qui s'était formé presque sans elles. Nous en pouvons juger: car, heureusement pour nous, il ne se confina point dans la science où il excellait. Il était, comme vous-même, de la lignée de ces savants de France qui furent aussi de grands ou de remarquables écrivains. Il communiquait avec nous, il nous appartenait par ses études sur Pascal, sur d'Alembert, et par ses notices et discours académiques. Il n'avait aucun respect préventif, et il ne lui déplaisait même pas, lorsque telle était sa pensée, d'aller contre l'opinion commune. Son livre sur Pascal n'est peut-être pas un des mieux ordonnés; mais c'est un des plus fins, des plus agréables, et, disons-le, des plus irrévérencieux qui soient. Il ne dissimule ni le fanatisme, d'ailleurs douloureux, de son héros, ni les faiblesses, dépourvues de sourire, de cette âme tragique. Et l'apologie qu'il fait des casuistes est exquise.

La critique de Joseph Bertrand est incisive, volontiers contredisante, extrêmement malicieuse, je n'ose dire taquine. Il y montre un esprit original et hardi, et qui se plaît aux saillies brusques plutôt qu'aux développements suivis et réguliers. On m'a assuré que c'était aussi sa marque dans ses travaux de mathématiques, que ce qui le distinguait, même là, c'était un génie curieux, alerte, soudain dans ses démarches, imprévu dans ses solutions, admirable par une subtilité intuitive et rapide.

Je me suis parfois demandé si, sous cette piquante humeur, qui lui était devenue coutumière, on n'aurait pas retrouvé, en creusant un peu, une plaie secrète: la douleur, stoïquement soufferte, mais, au fond, inconsolable, d'avoir perdu, dans le désastre de 1871, ses notes et ses manuscrits de quinze années, c'est-à-dire,—qui sait?—ce qui eut fait le meilleur de sa gloire scientifique. Le dommage était sans remède. Bertrand n'essaya même pas de le réparer. Quand il refit sa bibliothèque, il y mit plus de livres de littérature que de livres de science. Apparemment, sa cruelle aventure amena, chez lui, un détachement un peu amer, par où s'accrut encore sa liberté d'esprit…

L'homme était charmant,—oh! Sans nulle fadeur. Les traces d'un accident célèbre avaient achevé de lui faire un visage pittoresque, un visage de vieux savant de conte familier. Il était la joie de nos discussions par sa fantaisie brusque, et par ce qu'il y avait d'inattendu dans ses jugements, où la seule chose que nous puissions prévoir, c'était qu'il ne serait pas de notre avis. Inattendus aussi, les trésors de sa mémoire vaste et bigarrée. Sa conversation était pleine de surprises.

Dans sa vie familiale, inaugurée il y a cinquante-sept ans, sa bonhomie tendre et gaie répandait comme une cordiale poésie. C'était un père et un grand-père adorables. Tous ses amis citent des traits de sa bonté, de son désintéressement, de sa charité active et délicate. Quand il s'agira de son génie scientifique, il faudra bien que nous nous en remettions pieusement à ses confrères de l'Académie des sciences, à vous, Monsieur, tout le premier. Mais, quand nous parlerons du charme savoureux de son esprit et de la générosité de son coeur, nous n'aurons qu'à nous souvenir.

Vous lui succéderez dignement. Il est bon que les génies les plus divers collaborent au grand oeuvre. Si une faculté redoutable d'analyse, jointe à une imagination capricieuse, semble la marque de Joseph Bertrand, le caractère de votre critique est d'être surtout ordonnatrice et constructive. Vous avez beaucoup édifié, avec un énorme labeur, une foi patiente et qui s'est rarement permis le sourire.

Je n'entrerai pas dans le détail de votre biographie. Elle est harmonieuse et simple. Fils d'un médecin de grand mérite et d'esprit sérieux, vous avez été engagé de bonne heure dans les voies de la recherche scientifique, et vous vous y êtes enfoncé d'un pas puissant et ininterrompu. Votre *cursus honorum* est un des plus beaux et des plus riches que l'on connaisse. Vous êtes professeur au Collège de France depuis quarante ans, secrétaire perpétuel de l'Académie des sciences, membre de l'Académie de médecine, membre des principales Académies ou Sociétés scientifiques étrangères, sénateur inamovible, et j'en passe. Vous avez été deux fois ministre, et vous avez contribué plus que personne à la réorganisation de l'enseignement supérieur.

Mais l'essentiel, ce dont les ignorants même sont informés, ce que l'avenir retiendra, c'est que vous avez été le rénovateur de la chimie.

Il n'est pas un chapitre de cette science que vous n'ayez abordé dans les six cents mémoires que vous avez publiés au cours d'un demi-siècle. Mais on peut dire que vous vous êtes surtout attaché à deux conceptions générales par où vous l'avez radicalement transformée: c'est la synthèse organique et c'est la thermochimie.

Le fondateur de la chimie moderne, Lavoisier, avait remarqué un contraste essentiel entre les composés minéraux qui se rencontrent dans les corps bruts, et les composés organiques qui se rencontrent dans les corps vivants, plantes ou animaux. Tandis que les premiers résultent des combinaisons simples et assez peu nombreuses de plus de quatre-vingts éléments irréductibles, les seconds sont formés par les combinaisons complexes de quatre éléments, sans plus.

Qu'il s'agisse des os, du sang ou des muscles d'un animal, ou bien de l'écorce d'un arbre, de la sève d'une plante, du tissu d'une feuille, on retrouve toujours ces quatre éléments, à savoir: le carbone, qui, à l'état isolé, forme le combustible dont nous nous chauffons, et l'hydrogène, l'oxygène et l'azote, c'est-à-dire trois gaz sans couleur, sans odeur, sans saveur, et qui échappent pour ainsi dire à nos sens.

C'est uniquement de ces quatre éléments que sont faites les merveilles innombrables de la nature animée. Quelque étrange que cela paraisse, c'est de ces quatre éléments que sont formés tous les corps organiques, l'essence odorante qui gonfle les pétales d'une rose, la pulpe savoureuse des fruits, la poussière colorée des ailes d'un papillon, ou, pour parler comme François Villon, ce corps féminin «qui tant est tendre, poly, souëf, si prétieulx». Seule la secrète architecture de ces édifices d'atomes varie. Le poète soupire:

Il existe un bleu dont je meurs,
Parce qu'il est dans des prunelles.

Le chimiste répond: carbone, hydrogène, oxygène, azote.

Il fallut à Lavoisier une singulière audace pour proposer un système qui heurtait si violemment les impressions, les images involontaires que nous recevons de tout l'ensemble des apparences sensibles, et qui, pour ainsi parler, perçait et dégonflait les prestiges de l'universelle illusion. Audace féconde! Car c'est sur cette conception que repose toute la chimie moderne.

La méthode qu'il employa dans ses recherches fut toujours la même: l'analyse. En décomposant les corps que lui offrait la nature, il les résolvait en leurs éléments.—Est-il possible de suivre une méthode inverse? Peut-on, en partant de ces éléments,—carbone, oxygène, hydrogène, azote,—reconstituer par synthèse ces édifices moléculaires si délicats, si mystérieusement complexes, qui sont les composés organiques?

Lavoisier ne le crut pas, n'osa pas le croire. «La chimie, dit-il, marche vers son but et vers sa perfection en divisant, subdivisant et resubdivisant encore… La chimie est la science de l'analyse.»

Cette affirmation fut acceptée sans contrôle par ses successeurs immédiats. «Dans la nature vivante, écrivait Berzélius, le grand maître de la chimie dans le second quart du dix-neuvième siècle, les éléments paraissent obéir à des lois autres que dans la nature inorganique. Si l'on parvenait à trouver la cause de ces différences, on aurait la clef de la chimie organique; mais cette clef est tellement cachée, que nous n'avons aucun espoir de la découvrir, du moins quant à présent.»

Considérant la mobilité et l'instabilité des composés organiques, les chimistes pensaient que leur formation dépend de l'action de la «force vitale» en lutte perpétuelle avec les forces moléculaires. «Le chimiste fait tout l'opposé de la nature vivante, écrivait un chercheur pourtant original, Gerhardt; il brûle, détruit, opère par analyse; la force vitale seule opère par synthèse; elle reconstruit l'édifice abattu par les forces chimiques.»

Mais vous êtes venu, Monsieur. Vous avez eu la tranquille hardiesse de ne pas croire vos aînés sur parole; vous avez tenté ce qu'ils déclaraient chimérique; vous avez dissipé au feu de vos cornues le vain fantôme mythologique de la force vitale; vous avez su combiner les éléments des matières animales et végétales par le seul jeu des forces physiques déjà connues; vous avez trouvé la clef que déclarait introuvable le bon Berzélius.

Le premier pas était le plus difficile. Comment combiner l'inerte carbone avec le plus léger des gaz, l'hydrogène? Cette union directe si longtemps regardée comme impossible, vous l'avez réalisée en 1862, par le sortilège de l'arc électrique. L'acétylène, terme initial de l'innombrable série des carbures d'hydrogène, était constitué synthétiquement. Condensé sous l'influence de la chaleur, il fournit la benzine; additionné d'hydrogène, il donna l'éthylène, dont l'union avec l'eau fournit l'alcool.

En prenant à leur tour, pour point de départ, ces premiers composés, vous avez obtenu, au moyen des mêmes méthodes, par des réactions de plus en plus faciles et de plus en plus variées, la multitude des composés organiques. «La synthèse, avez-vous écrit, étend ses conquêtes depuis les éléments jusqu'aux substances les plus compliquées, sans qu'on puisse assigner de limites à ses progrès.»

Vous avez reproduit successivement les acides des fruits, les parfums, les corps gras, les composés actifs de la pharmacie, les matières colorantes. L'industrie vous doit l'élaboration méthodique des couleurs d'aniline, dont l'éclat l'emporte sur celui des matières colorantes naturelles. Et la médecine vous doit la plupart des remèdes nouveaux, des remèdes à la mode. Vous pouviez, si vous l'aviez voulu, entasser légitimement des richesses démesurées. Mais, au cours de votre longue carrière scientifique, vous n'avez jamais pris un seul brevet. Vous avez toujours abandonné à la communauté le bénéfice de vos découvertes. L'homme de science, eût dit Renan, est un *ebionim*. Il fait de la vérité sa principale richesse. Cet ascète des temps modernes dédaigne de prélever sa dîme sur les largesses que son génie fait aux hommes. Même, il laisse aux habiles selon le monde les millions dont ils lui sont redevables, comme un présent de nul prix.

La seconde conception géniale à laquelle votre nom restera attaché, c'est la thermo-chimie.

Vous aviez renversé la distinction chimique établie entre les corps bruts et les corps vivants; vous aviez démontré que les forces chimiques qui régissent la matière organique sont, réellement et sans réserve, les mêmes que celles qui régissent la matière minérale. Mais ces forces elles-mêmes, comment en mesurer l'action? Comment calculer et prévoir les résultats de leurs conflits? Pourquoi certains éléments s'unissent-ils? Pourquoi certains autres demeurent-ils séparés? Problème ardu, qui préoccupait déjà les anciens alchimistes et qui les amena à supposer l'existence d'affinités électives entre les corps. Mais ces affinités que Goethe, dans un chapitre d'un de ses romans, assimile aux passions humaines, haine ou amour, demeuraient mystérieuses et inexplicables.

C'est vous, Monsieur, qui en avez donné pour la première fois une définition précise. Vous avez montré que l'on peut prendre pour mesure de l'affinité la quantité de chaleur développée dans la combinaison chimique, et que, dans toute réaction, le système de corps qui tend à se former est celui qui dégage le plus de chaleur.

Une des plus merveilleuses conséquences de cette découverte fut de transformer l'étude empirique des matières explosives en une science rigoureuse, fondée sur le calcul exact de leur énergie.

La poudre noire traditionnelle, peu à peu perfectionnée depuis le seizième siècle, était seule employée pour les fusils et les canons, quand, il y a trente ans, vous déclarâtes hardiment que la théorie permettait de fabriquer des matières explosives d'une force double: assertion qui fut alors contestée avec une extrême vivacité. Mais, depuis, les travaux poursuivis sous votre direction à la Commission des substances explosives, que vous présidez depuis 1873, ont complètement vérifié vos prévisions. Par vous, la fabrication des poudres sans fumée a renouvelé sous nos yeux l'artillerie et l'art même de la guerre.

Mais je n'ai pas, Monsieur, la prétention de vous apprendre ce que vous avez fait. J'ai voulu seulement le rappeler en quelques mots à vos nouveaux confrères.

Entre tous les hommes occupés de science, le chimiste est celui qui répond le mieux à l'idée que, dès les premiers âges, le peuple s'est faite du savant, de l'homme qui agit sur la nature et qui en connaît les secrets. Le savant, pour la foule, ce n'est pas le mathématicien, le naturaliste, l'historien, le philologue: c'est, essentiellement, l'alchimiste, le sorcier, le docteur Faust, celui qui sait les vertus des corps et leurs influences réciproques, qui sait même en faire de nouveaux, faire de l'or, faire de la vie, changer la figure des choses, créer après Dieu.

Vous n'avez pas pétri ni animé l'*homunculus* de Faust. Même, il faut bien l'avouer, vous n'avez pas encore fait un brin d'herbe. Mais vous pouvez reproduire la substance dont l'herbe est faite. Votre chimie rationnelle a égalé sur quelques points les miracles rêvés par la chimérique alchimie. Autant que cela est actuellement permis à la faiblesse humaine, vous avez su les secrets, et vous avez agi sur la nature.

Vous avez su les secrets. Vous avez connu l'unité de la matière; vous avez pénétré jusqu'à l'atome irréductible. Vous avez vu que les différences des corps ne sont que les différences de position des molécules primitives; que tout se ramène à la mécanique; qu'à chaque instant de la durée, le total des forces est le même dans l'univers sous la diversité des manifestations, et que, par exemple, le mouvement n'est que de la chaleur transformée, et inversement.

Vous avez agi sur la nature. Vous avez refait par la synthèse ce que l'analyse avait défait, et vous avez vérifié par là l'exactitude de l'analyse elle-même. Non seulement vous avez reproduit les substances naturelles, mais vous en avez produit une infinité d'autres, qui, sans vous, n'auraient pas existé. Outre les quinze ou vingt corps gras fournis par la nature, vous pourrez,—quand vous en aurez le loisir,—en fabriquer quelque deux cents millions, que vous obtiendrez par des méthodes prévues, et dont vous aurez annoncé d'avance les principales propriétés. Vous avez pu dire, en toute vérité, que «le domaine où la synthèse chimique exerce sa puissance créatrice est en quelque sorte plus grand que celui de la nature actuellement réalisée».

A votre tour, après Lavoisier, vous êtes le roi de la chimie. Vous êtes, par vos corps organiques artificiellement produits, le bienfaiteur de l'industrie nationale, et, par les explosifs dont vous l'avez armée, le bienfaiteur de la patrie,—de cette patrie que vous aimez et pour elle-même et pour l'amour de l'humanité, dont elle fut la grande servante. Avec Pasteur, vous aurez été peut-être l'homme du dix-neuvième siècle le plus utile aux hommes. Et, comme lui, vous avez fait une oeuvre qui, si grande qu'elle soit déjà, n'est qu'un commencement; vous avez fondé une méthode dont les applications peuvent être infinies. Ne disiez-vous pas, dans une heure souriante, que le problème des aliments (et par suite la question sociale) est un problème chimique; qu'un jour viendra où on les fabriquera de toutes pièces avec le carbone emprunté à l'acide carbonique, avec l'hydrogène pris à l'eau, avec l'azote et l'oxygène tirés de l'atmosphère, et que, ce jour-là, chacun emportera pour se nourrir sa petite tablette azotée, sa petite motte de matière grasse, son petit flacon d'épices aromatiques, accomodés à son goût personnel?—Si ce rêve d'une humanité heureuse et idyllisée par la science se réalise jamais, on pourra dire, Monsieur, que cet invraisemblable poème terrestre sera sorti du laboratoire où vous peinez allègrement depuis cinquante années, et où vous triturez dans vos cornues la joie et la délivrance du monde futur.

Le respect public vous environne. Au point où vous êtes parvenu, vous n'appartenez plus à telle fraction politique du pays, mais à la nation. Un grand apaisement doit se faire en vous, d'autant plus aisé que vous avez la joie de vous sentir revivre dans le groupe, si éclatant d'intelligence, de vos quatre fils, et qu'ainsi vous êtes assuré de plus d'une façon de durer dans un long avenir et de léguer à la mémoire des hommes quelque chose de vous.

Évidemment, Monsieur, vous êtes un de ceux auxquels songeait Ernest Renan lorsqu'il concevait la planète gouvernée quelque jour par une assemblée de savants qui auraient à la fois la raison et la force. La direction que vous imprimeriez à l'humanité n'aurait rien d'hésitant. Mais l'aristocratie que prévoyait Renan régnerait par la terreur. Je crois que, à ce point de son rêve, vous eussiez abandonné votre ami.

Vous avez beaucoup écrit sur les rapports de la philosophie et de la science. Votre rationalisme est sans tache. Vous êtes un des plus authentiques continuateurs des philosophes de l'*Encyclopédie*. Vous avez leur optimisme, leurs sentiments à l'égard des religions, leur confiance exclusive dans la raison, leur foi imperturbable au progrès de l'humanité.

Est-ce moi, Monsieur, qui vous reprocherai de penser ainsi? Irai-je vous faire des objections? A vous, jamais. Je n'en oserais faire qu'à certains de ceux que, sans le savoir, vous traînez à votre suite, qui n'ont peut-être pas les mêmes droits que vous de nous parler au nom de la science, et qui n'ont assurément ni votre haute probité d'esprit, ni votre désintéressement, ni votre tolérance. Mais à vous je dirai:—Il est excellent, il est indispensable qu'il y ait des hommes de votre type intellectuel et moral, des rationalistes non troublés et même un peu intransigeants. Les femmes et les enfants, charme du monde, le feraient peu avancer, non plus que les mystiques et les artistes eux-mêmes. Ce n'est pas le sentiment religieux qui a fait les grandes découvertes de la science et de l'industrie moderne. Bénie soit votre philosophie, si c'est elle qui vous a communiqué la force d'accomplir durant cinquante ans des travaux dont a profité toute la communauté humaine!

Au surplus, si l'univers a un but, il faut que ce soit, pour le moins, d'être connu de l'homme et de se réfléchir fidèlement en lui: et il n'y a de connaissance proprement dite que par la raison appuyée sur l'observation scientifique. C'est ce qu'il m'est impossible de ne pas vous accorder, si fort que je sois impressionné par la somme de consolation et de vertu que tant de bonnes âmes doivent à la croyance au surnaturel. Or vous n'en demandez pas davantage. Autour de ce qui peut être dès maintenant objet de connaissance, vous nous laissez amplement de quoi rêver et nous émouvoir.

Votre positivisme est d'une scrupuleuse loyauté. Il respecte ce qu'on peut appeler les réalités morales.—Il les reconnaît irréductibles. Pour vous, «le sentiment du beau, celui du vrai, celui du bien, sont des *faits* révélés par l'étude de la nature humaine. Vous écrivez dans votre lettre à Renan: «Derrière le beau, le vrai, le bien, l'humanité a toujours senti, sans la connaître, qu'il existe une réalité souveraine dans laquelle réside l'idéal, c'est-à-dire Dieu, le centre de l'unité mystérieuse et inaccessible vers laquelle converge l'ordre universel. Le sentiment seul peut nous y conduire; ses aspirations sont légitimes pourvu qu'il ne sorte pas de son domaine avec la prétention de se traduire par des énoncés dogmatiques et *a priori* dans la région des faits positifs.» Et encore: «La notion du devoir, c'est-à-dire la règle de la vie pratique, est un fait primitif, en dehors et au-dessus de toute discussion... Il en est de même de la liberté, sans laquelle le devoir ne serait qu'un mot vide de sens... L'homme *sent* qu'il est libre: c'est là un fait qu'aucun raisonnement ne saurait ébranler.»—Et vous ne nous défendez point de construire là-dessus des systèmes de métaphysique et, pour employer vos expressions, d'«assembler par des liens individuels», c'est-à-dire selon les besoins de notre coeur, «des traits généraux tirés de la connaissance de la vie humaine et du monde extérieur». Bref, vous nous permettez d'imaginer l'inconnu à notre gré, pourvu que cette imagination ne contredise à aucun moment les acquisitions progressives de la science, et qu'elle tâche de s'y raccorder à mesure. Ah! Monsieur, quelle marge vous nous laissez encore!

Vous êtes persuadé, il est vrai, que, «depuis que les croyances religieuses ne sont plus la base de l'ordre social et de la moralité humaine, la somme de vertu et de dévouement qui est dans le monde n'a pas diminué! loin de là». D'une façon générale, vous n'avez pas bonne opinion des religions, même comme instigatrices de vertus, et vous avez travaillé, pour votre part, à compléter la laïcisation de l'État et de la vie publique. «Mais dans cette entreprise, avez-vous dit, il faut éviter à tout prix la violence, qui est contraire à la justice et qui provoque la réaction; il faut surtout éviter de froisser ces âmes délicates et pures, qui ont identifié leur être moral avec la vieille organisation théocratique, aussi bien que ces esprits honnêtes, prompts au vertige et hostiles aux brusques changements.» Voilà, Monsieur, des paroles à la fois vraiment politiques et vraiment humaines, et qu'il n'est peut-être pas hors de propos de rappeler aujourd'hui.

Enfin, monsieur, vous avez la fierté de la science: vous n'en avez pas l'ivresse. Parce que vous êtes parfaitement sincère et lucide, votre optimisme lui-même a sa mélancolie. Sans doute vous avez écrit avec une intrépide confiance: «En s'attachant aux grandes périodes, on voit clairement que le rôle de l'erreur et de la méchanceté décroît, à proportion que l'on s'avance dans l'histoire du monde. Les sociétés deviennent plus policées, et j'oserai dire de plus en plus vertueuses. La somme du bien va toujours en augmentant, et la somme du mal en diminuant, à mesure que la somme de vérité augmente et que l'ignorance diminue dans l'humanité. C'est ainsi que la notion du progrès s'est dégagée comme un résultat *a posteriori* des études historiques.» Mais, à côté de cela, je sais des pages de vous qui sont, sans le vouloir peut-être, d'une infinie tristesse. Après avoir longtemps observé les sociétés animales, vous concluez, en ce qui regarde les fourmis, que le progrès de leur civilisation est parvenu, depuis de longs siècles déjà, à des limites au voisinage desquelles elle est condamnée à osciller désormais, tant que la race durera. Et vous vous demandez: «En est-il autrement des races humaines? Sommes-nous autorisés à regarder leurs progrès comme indéfinis? ou bien les races humaines sont-elles destinées à obéir à la même loi fatale? Leur évolution parviendra-t-elle aussi à un état stationnaire, dont les limites seront déterminées par celle des connaissances que l'homme peut acquérir et combiner, en vertu des facultés intellectuelles qui résultent de son organisation? Ces limites atteintes, les races humaines ne présenteront-elles pas le spectacle d'une civilisation à peu près uniforme, oscillant entre certains états alternatifs de trouble et d'équilibre, mais s'efforçant désormais de revenir toujours à une organisation type, réputée la plus convenable au bonheur et à la dignité de l'espèce humaine? Une semblable opinion serait peut-être la plus conforme aux leçons de l'histoire.»

Vous citez l'Égypte, vous citez la Chine; et vous ajoutez: «Ne sera-ce point aussi l'histoire des races européennes, lorsqu'elles auront couvert et dominé la surface du globe terrestre, mis en exploitation toutes ses ressources, embrassé tous les éléments de connaissances que son étendue comporte, épuisé les combinaisons fondamentales compatibles avec la puissance, limitée aussi, de l'intelligence individuelle de l'homme? en un mot consommé toute la réserve d'énergie inhérente au globe terrestre et à l'espèce humaine?»

Question mélancolique! Ce dernier état, où parviendra, si elle peut, la laborieuse humanité européenne, cet idéal encore lointain, nous ne le verrons pas, et nos enfants et nos petits-enfants ne le verront pas non plus. Mais, si admirable qu'il soit, par cela seul qu'il est une limite il ne nous ravit point, car, invinciblement, nous désirons plus encore, autrement dit, nous désirons par de là les énergies et les possibilités de notre nature. Une humanité où les inventions scientifiques augmenteraient pour tous les commodités de la vie, où tout le monde aurait facilement à manger et de quoi se divertir un peu, où régnerait un à-peu-près de justice sociale, cela est déjà très beau, cela est peut-être irréalisable; et malgré tout (est-ce que je me trompe?) cela nous paraît encore médiocre, au regard des milliers de siècles de souffrance et d'effort qui l'auront si péniblement préparé, au regard surtout de notre puissance infinie de désir. Et, bien que nous soyons incapables de substituer un rêve plus plausible à celui-là, nous disons: «Est-ce là tout ce que la science promet? est-ce tout ce qu'elle a à proposer?... Et après?» Et nous sommes tourmentés soit par la chimère d'une évasion dans les autres planètes, soit par la soif des vies futures que promettent les religions, soit par la vague songerie métaphysique d'une fusion de toutes les âmes dans une Conscience universelle et divine...

Vous répondrez: «Cultivons notre jardin, qui est toute la terre. Il est bien inutile d'interdire la rêverie aux hommes. Mais nous voulons savoir ce qui est erreur et ce qui est vérité. Nous n'atteindrons jamais la nature des choses, les origines et les fins, mais toute la vérité dont nous sommes capables n'est pas encore trouvée. Nous avons là, quoi qu'il arrive, de quoi occuper nos rapides jours. Le plus bel emploi de notre vie, c'est d'accroître la conformité de notre intelligence à la réalité. Et c'est aussi notre meilleur plaisir. Travaillons à connaître les lois universelles et immuables.»

Ainsi vous avez pensé toute votre vie. Ainsi vous pensiez déjà, à dix-huit ans, quand Ernest Renan, au sortir de Saint-Sulpice, vous rencontra dans la petite pension de la rue Saint-Jacques.

Il m'est doux, monsieur, de songer que vous avez été, pendant un demi-siècle, le meilleur ami de l'homme qui m'a le plus enchanté et troublé, et qui a longtemps exercé sur moi une influence où il y eut du sortilège.

Votre amitié avec cet incomparable artiste fut originale; elle fut profonde et tendre, sans être jamais familière. Vos esprits s'aimaient. Ce qu'il conservait encore de sérieux ecclésiastique s'accorda avec votre sérieux de jeune clerc de la science. Vous étiez plus jeune que lui de quatre ans: mais vous marchiez déjà dans votre voie, et il cherchait la sienne. Votre précoce sérénité d'esprit dut être bonne à son inquiétude. Je crois que vous devez à ce charmant compagnon les rares sourires qui éclairent votre oeuvre: mais peut-être aussi vous doit-il d'être resté, sous ses caprices aventureux, parmi ses fantaisies pyrrhoniennes ou ses rechutes dans le rêve, immuablement fidèle à deux ou trois principes essentiels de la critique scientifique; peut-être vous doit-il, un peu, ce que j'appellerai l'épine dorsale, l'armature de sa pensée, changeante en apparence, ferme et suivie dans son fond.

Le souvenir de cette amitié de deux grands hommes traversera les âges et ajoutera une grâce à leur gloire commune. Nos descendants chercheront qui de vous deux a le plus donné à l'autre. Oserai-je indiquer ce que j'entrevois en lisant vos lettres et les siennes? Dans le temps où d'assez longs voyages vous séparaient, si quelque circonstance imprévue venait entraver ou ralentir votre correspondance, je ne sais si je me trompe, mais il me paraît bien que celui de vous deux qui en souffrait le plus, ce n'était pas lui, et que celui qui semblait oublier le plus facilement, ce n'était pas vous...

Et pourtant, de son propre aveu, vous êtes, en dehors de certaines personnes de sa famille, celui de ses contemporains qu'il a le plus aimé, et pour qui il a fait la plus notable infraction aux règles qu'il tenait de ses maîtres sulpiciens touchant les «amitiés particulières». Il vous l'eût fait savoir, si la Fortune, meilleure pour vous—et pour nous aussi—avait voulu qu'il vous reçût à cette place. Je lui emprunterai du moins la fin de mon discours, sûr que vous m'en saurez gré et que vous y trouverez le genre d'éloge qui vous contentera le mieux et qui vous paraîtra, le plus digne de vous. «Ceux qui vous connaissent, vous écrivait-il un jour, savent combien vous tenez peu à ce qui n'est pas la patrie et la vérité.»

FIN